JN410207

탁란 托卵

원상연 시집

북랜드

부모님 (폐백 후 음복)

우리 가족 (시 「가족」)

교육대학
교정에서

불국사에서

학군단 훈련 휴식시간에

문학박사 학위 수여 (필자 - 홍덕률 대구대 총장)

박사학위기

박사학위 수여 가족사진

석사학위 수여 가족사진

교장 임명장 수여 (교육부장관 서남수 - 필자)

교감 임명장 수여 (필자 - 이걸우 대구광역시 부교육감)

아이들의 호기심 (시골집 장독대와 수도)

〈가족 여행〉
싱가폴의 상징 머라이언 상
인도네시아 바탐섬 원주민과 함께

대구광역시과학전람회(대구동호초등학교 어린이)
김유환 교사, 강은희 교육감, 필자, 박영애 동부교육장

대구동호초등학교 어린이들
장순균 체육과장, 우동기 교육감, 최방미 동부교육장, 필자

전국학교스포츠클럽 탁구대회 우승
(필자, 대구동호초탁구부 선수, 이창재 교사, 염현호 교사, 이희정 코치)

특수교육을 하면서 (시 「천사의 얼굴」)

2002 특수교육전문요원양성 국외연수단
(둘째줄 왼쪽 두 번째 - 필자)

가덕도 연대봉 봉수대 (시 「가덕도 연대봉 봉수대」)

경주 남산 열암곡 돌부처
(시 「돌부처의 미소」)

금강산 탱크바위(시 「탱크바위 」)
금강산 만물상
금강산 구룡폭포(선녀와 나무꾼 전설의 배경)
(시 「금강산 」)

백두산 천지
백두산 장백폭포
(시 「백두산 천지」)

쇼찌 선생 자택 앞에서 (필자 - 쇼찌 선생) (시 「쇼찌 선생」)

아소산 분화구와
화산 폭발 시의 대피소(shelter)
(시 「대피소」)

텍사스주 달라스 야구경기장에서
박찬호 선수가 7:1로 승리를 거둠

미국 텍사스대학교 앞에 있는
시내버스 승강장
(장애인을 배려하는 보편적 설계,
universal design)
(시 「빈자리」)

텍사스주
샌안토니오의 리버워크
(청계천은 이곳을 벤치마킹하여 건설함)

미국 휴스턴의 나사본부에서 (심규학 장학사 - 필자)
※ NASA : 미국 텍사스주 휴스턴에 소재한 미항공우주국

알라모 전투의 영웅
데이비 크로캣 동상
(텍사스주가 멕시코로부터 독립함)

중국 북경의 만리장성 (시 「만리장성」)

북경 서태후 별장 이화원의 곤명호 (시 「곤명호」)

표지그림 : 이동곤
· 영남대학교 졸업(동양화 전공)
· 경상북도 미술대전 대상 수상

탁란

托卵

작가의 말

이순耳順을 지나고 보니 몸과 마음이 몽돌이 되었습니다. 동족상잔의 아픔인 한국전쟁이 끝나고 베이비부머 세대로 태어나서 반공교육을 받으며 성장하였습니다. 월남이 패망하는 과정을 지켜보았으며 새마을운동으로 우리나라가 경제적으로 도약하는 과정과 학생과 시민이 동참한 민주화운동으로 민주정부가 탄생하는 등 격동기의 한국 사회를 직접 목격하였습니다.

풍랑이 몰아치는 바닷가에서 밀려오고 쓸려가는 세파에 모난 부분은 닳고 닳아 동글동글 매끌매끌 반짝반짝 빛나는 몽돌이 되었지만 그 과정은 고뇌의 시간이 필요했으며 결코 순탄치만은 않았습니다.

변화무쌍한 바다의 날씨와 함께 바람과 물과 모래와 햇빛을 친구 삼아 그들이 무슨 말을 속삭이는지 귀 기울여 들으며 몽돌은 아직도 그 자리를 지키고 있습니다.

밀물과 썰물의 상호작용에 의해 몽돌이 되고 그 몽돌이 모여서 아름답고 맑은 해변을 이루듯이 투명한 공동체 사회를 만들어가는 것입니다.

몽돌은 지나온 세월을 모두 기억하고 있습니다. 낮에는 밝은 태양 아래 햇볕을 쪼이며 물과 바람을 맞이하고, 밤에는 어슴푸레한 달빛 아래서 또는 칠흑 같은 어둠 속에서 밀물과 썰물을 맞이합니다. 몽돌은 시대를 관통하면서 보고 듣고 느낀 것을 소중히 간직하고 있으며 때로는 물속에 잠겨서 또는 물 밖에서 객관적이나 주관적인 입장에서 각자의 소신과 신념을 가질 수 있습니다.

이제 산에서 뻐꾸기가 우는 이유도 알 것만 같습니다.

해변의 몽돌과 같이 소금기를 머금은 제 시가 시대를 반영하는 울림이 되고 투명한 거울이 되기를 소망해 봅니다.

2021년 2월

코로나가 기승을 부릴 때

백목佰睦 원상연

차례

1 아내의 기도

2 기억이나 할까

3 비워둔 자리

4 양심의 눈

5 허장성세

1

아내의 기도

가족

우리가
힘들고 지칠 때
가족이란 이름을
떠올려 보세요.

고민에 겨워
하얀 밤을 홀로
지새울 때
가족이란 이름을
속삭여 보세요.

가족은
살며시 다가와
아픔을
어루만져 줄 거예요.

할아버지, 할머니
아버지, 어머니

형, 누나, 동생

가족이란 이름은
정다운
거룩함이 묻어나는
내 지친 영혼의
쉼터입니다.

돌부처의 미소

천년을
바위 밑에 누워
미소 짓는 돌부처

바위를 이불 삼아
천년을
웃고 있네.

아무도 찾지 않아
외로울 것 같지만
그 모습 초연해

수줍은 미소로
천년 세월을
전해주고 있네.

마라도

우리나라 최남단 섬 마라도
갚아도 좋고 말아도 좋다
가파도와 마라도는 형제지간

마라도는 강아지들의 천국
여기 저기 나뒹구는 개 가족들
마라도는 개들의 낙원인가

갈대숲과 어우러진 마라도 성당 건물
마치 거북이가 항해하는 모습의 건물
성당은 영혼 맑은 예수님의 안식처인가

태평양을 호령하는 두 눈 부릅뜬
대한민국 지킴이 마라도
나라 지키는 남쪽의 수호신 마라도

영원토록 남해 바다를 지켜주오
내 조국 최남단 꼬마
마라도여

마음의 통증

마음이 아픈 것은
눈에 보이지 않는다.

가슴이 아려오는
쓰라린 통증은
시험에 떨어진
수험생만이 안다

몇 마디 면접에 의한
단어와 문장이 결정짓는
간발의 차이로 낙방한
수험생의 눈물만이 안다

계절의 변화 속에
응고된 석고처럼
피와 땀의 결정체가
허망하게 무너진 날

365계단을 다시 밟고
올라서야 한다는
기약 없는 하루를
새로 시작하는 날

아픔을 치유하려면
다시 시작해야 한다.
시작이 있으면
끝이 있겠지

마지막 달력 한 장

그 많은 세월
다 보내고
달랑 남은 달력 한 장

마지막 남은 달력은
겨울이지만
지난 일 년이 다 들어있네

봄에 가지 못한 벚꽃놀이
여름에 약속한 가족여행
가을에 바빠 못 간 단풍구경

마지막
달력의 하루는
하루가 열흘 같네.

세월의 무게

새벽기도 오신 할아버지 할머니 부부
신부님의 "기도합시다" 소리에
손을 짚고 힘겹게 일어서신다.

역도 선수가 온 힘을 모아 일어나듯이
구부정한 몸을 좌우로 흔들며 천천히
일어나신다.

세월의 무게가 얼마나 무거웠기에
세월의 무게가 얼마나 힘들었기에
저토록 무겁게 일어나실까

바위보다 무거운 세월의 무게
눈에 보이지는 않지만 우리는 모두
세월의 무게를 지고 살아간다.

만남의 의미

만남은 무엇인가
만남은 이룸이다.
만남은 부숨이다.
만남은 눈물의 피 흘림이다.

나와 남이 만나
가족을 이루고
사회를 이루고
국가를 이루고
지구 공동체를 이루듯이
만남은 이룸이다.

만남은 부숨이다.
어뢰가 만나 군함을 부수고
대포가 만나 연평도를 부수듯이
구제역이 만나 소, 돼지의 숨통을 죄어 부수고
코로나가 만나 사람의 생명을 부순다.
홍수를 만나 소는 지붕 위로 절간으로 올라간다.

만남은 또 다른 눈물의 피 흘림이다.
부상 당한 자식을 만나 눈물의 피를 흘리고
떨어질 새끼를 만나 눈물의 피를 흘리듯이
코로나를 만나 임종을 지켜볼 수 없듯이
홍수를 만나 소가 절로 중생을 구제하러 가듯이
만남은 분노와 슬픔을 억누른 눈물의 피 흘림이다.

백두산 천지

백 번 올라가서
두 번만 볼 수 있다는
백두산 천지

삼대에 걸쳐
덕을 베풀어야
볼 수 있다는
백두산 천지

운무에 휩싸인 천지가
옥색 살결을 수줍은 듯이
살포시 드러내었다.

어느 미인이 저토록
고운 피부를 가졌을까
어느 바다가 저토록
순수한 에메랄드 빛깔일까

우리 단군의 자손
영험한 영산이여
우리 민족의 수호신
백두산 천지여
대한의 민족을 굽어 살피소서.

새로 시작할 때

실패한 사람이
성공을 바라며
새로 시작할 때는
큰 울음을
터뜨려야 해요.

지금까지 흘린
노력의 땀방울보다
더 많은 눈물을
흘려야 해요.

눈물이 방울방울
소나기 되어
마음의 아픔을
씻어낼 때까지
세탁기처럼 땟물을
쏟아야 해요.

소나기가
지난 후에
파란 하늘과
밝은 해님이
웃어 주듯이

눈물로 얼룩진
얼굴에
쌍무지개 웃음꽃
피어나겠죠.

성모당

남산동 언덕에
성모당이 있다.
예수님의 어머니
성모 마리아상이
모셔져 있는 곳

아내는 아이들이
말을 듣지 않거나
잘못을 저질렀을 때
성모당에 간다.

성모당에 가면
마음이 편해지고
정화된다고 한다.

북쪽을 향해
기도하시는 성모님
찬바람이 쌩쌩 불면

눈물이 날 것 같다.

푸른 수건 몸에 두르고
기도하시는 성모님
아내도 14처 기도를 한다.
가족을 위해

순교殉教

천주교가 이 땅에
도래했을 때
수많은 사람들이
순교하였다

벽안의 신부님들
진리에 목마른
선량한 백성들과
힘없는 약자들

오직 신앙을 위해
망나니의 칼춤 앞에
주저 없이 기꺼이
목숨을 내놓았다

코로나의 광풍이
몰아칠 때 단식으로
순교하신 화곡성당

강베드로 선생

나라와 국민을
일깨우기 위해
단식으로
순교하셨다

아내의 기도

고요한 새벽
홀로 켜진 전등은
가족을 기다리는
애끓는 등대입니다.

아직까지
귀가치 못한
지아비를 인도하는
간절한 소망입니다.

미상불
불길한 예감으로
기도 속의 하얀 밤은
새벽을 재촉합니다.

어느 누가
헤아릴까 그 심정을
속절없는 시간은

스쳐 갑니다.

홀로 지킨
긴 밤은 햇살에 사라지고
현관에 들어선 지아비는
전등불을 잠재웁니다.

소가 절로 간 이유

소가 사성암으로 갔다
그들은 무리 지어
왜 대웅전으로 갔을까

축사에서 한가롭게
되새김질하던 소를
누가 절로 인도하였나

중생이 중생 구실을 못하니
축생이 중생을 구제하러
무리 지어 절로 갔나 보다

어미 소의 모성애

홍수로 소가 지붕 위에서
사흘을 버텨냈다.
아무것도 먹지 않고

마취총을 쏘아
크레인으로 안전하게
구조하였다

끝까지 버티던 새끼 밴
암소가 쌍둥이 송아지를
힘겹게 출산하였다

거룩한 어미 소의 모성애가
어린 송아지의
두 생명을 구하였구나

어둠이 내리면

양지바른 산골 마을에
어둠이 내리면
곶감 말리는 할머니
얼굴에 그림자가 진다

한적한 산골 마을에
어둠이 내리면
비닐하우스 거적 덮는
농부 손길 바쁘다

아늑한 산골 마을에
어둠이 내리면
고향집 굴뚝에
모락모락 연기 피어오른다.

고즈넉한 산골 마을에
어둠이 내리면
송아지 잃은

어미소 울음소리 애달프다

초승달 뜨는 산골 마을에
어둠이 내리면
고향마을 지키는
어르신 기침소리 크게 들린다.

영남과 호남

산은 어깨동무하며 사이좋게 서 있고
강은 남해와 서해로 흘러가서
함께 모여 오손도손 이야기를 나눈다.

산은 지난봄에 찾아가고 올해 또 찾아가도
네 또 왔냐고 물어봄직도 하지만
산은 아무 말이 없고 대답이 없다.

- 산은 산이요 물은 물이다.

우리 곁에 오셨던 성철스님의 열반송처럼
산은 항상 그 자리를 지키고 서 있었다.

광양 청매실 마을 앞을 가로질러 흐르는
섬진 강물도 조용히 흐를 뿐 말이 없다.
오직 우리 인간들만이 아우성치고 있을 뿐이다.

산맥은 북에서 남으로 동에서 서로 뻗쳐 있고

강은 북에서 남으로 동에서 서로 흐를 뿐
산과 강은 말이 없고 영호남이 따로 없다.

산과 강은 그저 대한민국의 산과 강이다.

한티 성지聖地에서 길을 묻다

구구구구 구구구구
구슬피 울어대는 비둘기 울음소리
푸른 신록 산골짝 새벽을 깨운다.

신앙의 샘터를 찾아 모여든
순교자의 절규가 메아리치는 한티 성지
나는 지금 무엇을 보고 무엇을 듣고 있나?

비둘기는 왜 저리도 슬피 울고
바람은 뭇 나뭇가지를 흔들어 대는가?
세상사는 왜 이렇게도 굴곡이 많고
우리는 어디서 와서 어디로 가는가?

인생 반환점을 지나 종착역으로 가는데
그대!
아직도 못다 이룬 헛된 꿈을 꾸고 있는가?

속세를 떠난 2박 3일의 시공간

산천초목 푸른 하늘 흰 구름 흘러가네.
산새 소리 바람 소리 이름 모를 풀벌레 소리
이 모든 것이 나의 스승이었구나!

나는 새로운 삶의 방식에 대한
인생의 또 다른 이정표를 간구하고 있다.
이곳 한티 성지에서.

2

기억이나 할까

가덕도 연대봉 봉수대

임진왜란의 발발을
제일 먼저 알린
가덕도 연대봉 봉수대

대마도에서 출발한
왜선이 무수히 몰려올 때
봉수대 감고 서건은
얼마나 가슴이 떨렸을까

조선의 탐관오리들은
아직도 정신 못 차리고
봉수대에 피어오르는
연기는 시골 아낙네가 밥 짓는
부엌 연기로 치부하고

조선의 임금은 백성들의
돌팔매를 맞으며 귀에 사무친
백성들의 원성을 뒤로하고

기어코 신하들을 거느리고
의주로 몽진을 떠나는구나.

임금이 버린 백성과 강토를
남해에서는 이순신과 수군이
육지에서는 의병과 승려와 논개가
백척간두의 이 나라를 구하였구나.

* 감고 : 조선 시대, 봉화를 관리하기 위해 각 노선을 순회하면서 감시, 감독하는 벼슬아치를 이르던 말
* 몽진 : 머리에 먼지를 쓴다는 뜻으로, 임금이 난리를 피하여 안전한 곳으로 감을 비유적으로 이르는 말

고향故鄕

우린 고향을 떠났습니다.
백색 레일의 평행선을 따라
머나먼 곳에 와 있습니다.

지그시 눈 감으면
아련히 떠오르는 고향
그러나 이제는 그곳으로
갈 수가 없습니다.

저어기 영嶺 너머
발 닿는 곳이
그리운 고향이련만

머잖은 날에
또 다른 고향을 찾아
떠나야만 합니다.

기억이나 할까

개구리 올챙이 시절 모르고
올챙이는 물의 고마움을 모른다.

물웅덩이에서 개구리로
거듭나려던 올챙이는
가뭄에 말라비틀어진
미라가 되었구나.

가뭄이 오기 전에 운 좋게
꼬리 뗀 개구리 친구들은
마음껏 풀밭을 누비는구나.

살아남은 개구리들은
가뭄으로 바싹 말라 죽은
올챙이 친구들을 기억이나 할까

한순간

하늘 높이
던져 올려진
돌멩이 하나

땅 아래 모든 사물이
쳐다보며
온통 부러워하네

꼭대기에서
온 세상 호령하며
머물고 싶겠지만

그것도 한순간
'툭'
소리내며 떨어지는 돌멩이

라오스의 신작로

흙먼지 덮인 신작로
황토 분 바른 나뭇잎
라오스의 황톳길은
추억 서린 유년의 길

사람과 가축이 거닐고
자동차가 공유하는 길
아무도 서두르지 않고
기다리고 여유로운 길

바로 그 자갈길 위에
오십 년 전 내 모습이
검정 고무신 맨발로
오도카니 서 있었다

무지개 같은 나라

도대체 공무원이 무엇이길래
고등학교 졸업생도 대학 졸업생도
모두 다 공무원이 되려고 한다.

농사는 누가 짓고 소는 누가 키우나
호미 괭이 만드는 대장장이는
도대체 누가 한단 말인가

먹거리를 생산하여 제공하는 농부
목장의 소를 키우고 지키는 목동
쇠를 녹여 농기구를 만드는 대장장이
이 시대의 진정한 영웅은 누구인가

공무원이 되려고 아우성치는 나라
외양간은 비어 있고 대장간의
망치 소리가 들리지 않는 나라
그런 나라는 장래 희망이 없다.

저마다 자기 빛깔을 소중히 여기고
자기 색깔을 마음껏 뽐낼 수 있는
알록달록 무지개 색깔로 조화로운
무지개 같은 나라는 희망의 나라다.

바람의 모습

바람의 모습을 묻는다면
어떻게 답할까
바람은 말이 없고
제 모습을 행동으로 보여준다.

봄날 산불 현장에서 불길이 치솟아
소나무 숲을 단숨에 집어삼킨다.
여름엔 태풍과 먹구름을 몰고 와서
홍수로 나타난다.
가을에 우수수 부는 바람은
낙엽을 떨어뜨린다.
겨울철 매서운 칼바람은
살을 에이게 한다.

사시사철 변화무쌍하게
부는 바람을 어떻게
잘 다스릴 수는 없을까

땀 씻어주는 에어컨 바람으로
신이 나는 신바람으로
평화통일 봄바람으로

빚진 사람

우리는
모두 다
빚진 사람

부모님
선생님
국가에
빚진 사람

그런 게
당연하다고
우기는 사람

언젠가
빚진 은혜를
갚아야 할 사람

수탉의 금메달

어젯밤에 수탉에게
도전장을 내민
고양이 한 마리

사각의 닭장 안에서 심판 없이
고양이와 수탉 한 마리가
권투시합을 벌였나 보다

휴식 시간도 없이 밤중에
암탉 관중과 새벽까지 벌어진
수탉과 고양이의 권투시합

아침 붉은 해가
마침 종을 울리자
고양이는 달아나고

가족을 지킨 수탉은
목에 금빛 할퀸 자국
금메달을 달았구나.

알파고

알씨 성을 가진 파고라는
인공지능 로봇이
바둑 9단 이세돌을 이겼다

밥도 전기밥솥이
빨래도 세탁기가 하더니
바둑까지 인공지능이 둔다

인간이 만든 아바타에게
인간이 무릎을 꿇은 날
2016년 3월 9일

기계문명이 인간을 정복하고
지구를 접수할 날도
이제 멀지 않았다.

- 알파고(AlphaGO) : 사람이 만든 인공지능 로봇
- 아바타(avatar) : 온라인에서 개인을 대신하는 캐릭터

입장이 바뀌면

갑은 을에게
자기가 힘이 세다고
자랑한다.

갑과 을이
입장이 바뀌면 서로
다른 말을 한다.

갑일 때는
큰소리쳐 놓고
을이 되면
죽는 시늉을 한다.

갑과 을은
입장이 바뀌면
왜 딴소리를 할까

염치가 있어야지

사람의 탈을 쓰고 염치가 있어야지
남의 돈을 멋대로 쓰고 오리발 내밀고
은혜는커녕 안 도와준다고 투정부리고
나는 당연히 대접받아야 할 사람이고
대우받을 자격이 있다고 우기는 사람

똥 묻은 개가 겨 묻은 개 나무라고
도둑이 몽둥이 드니 적반하장이라
내 자식이 귀하면 남의 자식도 귀한 법
남의 돈 남의 자식은 눈에도 안 뵈는지
손바닥으로 하늘을 가릴 수 있나

눈을 뜨고도 보지 못하고
귀를 열고도 듣지 못하니
눈 감은 소귀에 경 읽기로다.
티끌과 대들보를 구분 못 하고
눈과 귀는 어디에 쓰려는지

어제 한 말과 오늘 한 말이 다르고
달면 삼키고 쓰면 내뱉으면서
공정과 정의는 어디에 있는지
한번 내지른 말은 담을 수 없고
비문처럼 대중 속에 아로새겨진다.

예약된 자리

아파트 앞에 단골 식당
퇴근길 허전한 마음
달래주는 친근한 골목 식당

동네 아줌마 같은
인심 좋은 식당 주인
김치 콩나물 기본 안주에
손맛은 고향 어머니 손맛

고향 우물가 같은
단골 식당
우리 동네 사람들
숱한 사연 들을 수 있는 곳

사람이 모이는 곳에
인정이 넘치고
인정이 있는 곳에
사람이 모이는 법

어느 날 갑자기
발걸음이 가지 않는
단골 식당

혼자 가면
- 그 자리는 예약된 자립니다.

의암義巖

단풍잎 붉게 물든 고즈넉한 촉석루
적막한 강물 속에 홀로 앉은 의암
사백 년 그리운 님 기다리며 앉아있네.

석양도 붉게 물든 늦가을 창공마루
둥지 찾는 까치 떼 남강하늘 수놓고
짝 잃은 백로 강물 거슬러 날아가네.

남강 물에 투영된 논개의 붉은 지조
백 년을 네 번이나 하루같이 지켜내고
조선의 의로움 본받아서 의암이 되었네.

*의암(義巖) : 논개가 왜장을 끌어안고 순국한 바위, 조선조 선조 26년(1593) 6월 29일, 임진왜란 제2차 진주성전투에서 진주성이 함락되고, 7만 민관군이 순절하자, 논개는 나라의 원수를 갚기 위해 왜장을 유인하여 이 바위에서 순국하였다. 이에 논개의 순국정신을 현창하기 위해 영남사람들이 의암이라고 명명하였다.

진돗개 독도

동해 바다
동쪽 끝
진돗개 한 마리

두 귀 쫑긋 세우고
멍 멍 멍-
일본 땅이라고 우기지 마
멍 멍 멍-

독도는 한국 땅
멍 멍 멍-
조상 대대로 우리 땅
멍 멍 멍-

한 번만 더 우기면
물어 줄 거야
멍 멍 멍
머 ~ 엉

탁란托卵

게으른 뻐꾸기는
오목눈이 집에 몰래 알을 낳고
자기는 산에서 즐거운
노래를 부른다.

오목눈이는 자기가 낳은 알과
뻐꾸기 알을 구분하지 못하고
알을 품는다.

알에서 깨어나면
힘이 센 뻐꾸기 새끼는
어깨로 오목눈이 새끼를
둥지 밖으로 밀어내 떨어뜨린다.

자기 새끼는 땅에 떨어져서
개미와 벌레들의 먹이가 되는데도
오목눈이는 알아차리지 못한다.

오목눈이 부부는 더욱
열심히 먹이를 물어다
뻐꾸기 새끼를 기른다.

덩치가 자기보다 크면
오목눈이 부부는 둥지 밖에서
이소를 준비한다.
뻐꾸기는 노래 부르며 놀아도
열심히 자기 새끼를
부화시키고 길러주는
오목눈이 종이 있어서 좋겠다.

뻐꾸기는
참 얄밉고
나쁜 새다.

고향마을 뒷산에서 들리던
뻐꾸기 울음소리는 청아하고
참 아름답다고 생각했는데

* 탁란(托卵) : 어떤 새가 다른 새의 둥우리에 알을 낳아 그 새로 하여금 자기 알을 품고 까서 기르게 함

* 이소(離巢) : 알에서 깨어난 새끼는 어느 정도 성장해 어린새 깃을 얻은 후 둥지를 떠나는데 이를 '이소'라 한다.

티끌 모아 태산

남편이 있어도
없는 것보다 못한
분식집 아줌마
아기를 키우며
억척같이 산다.

학교 앞에서
조그만 분식집을
운영하며
꼬마 손님을
기다린다.

그렇게 모은
거금 이십만 원
천원짜리 지폐
이백 장

돈 빌려준 사람에게

정말 고맙다고
인사하며 갚는다.

그 돈을 모으려고
얼마나 많은
라면을 팔았을까
얼마나 많은
떡볶이를 팔았을까

백원
이백원
오백원 모아서
티끌모아 태산처럼
큰 동산動産을 만들었네.

평형수

세월호가
왜
기울어졌지

사람들의
욕심
때문이지

아니
평형수 때문이야
배의 복원력을 회복해 주는

평형수를
바다에
버렸기 때문이야

내 마음도
자꾸 기울려고 해

욕심 있는 쪽으로

이제
욕심을 버리고
평형수를 채워야겠어.

* 평형수 : 선박 운행 시 선박의 무게중심을 유지하기 위해서 배의 밑바닥이나 좌우에 설치된 탱크에 채워 넣는 바닷물

탱크바위

인천상륙 작전과
서울수복 후에
삼팔선을 넘어서
북진하는 탱크

금강산을 오르던
탱크가 힘이 부쳐서
산마루에서 멈추었구나.

고지가 바로 저긴데
화석으로 변해버린 탱크
북진통일을 이루고 싶은
마음은 굴뚝같지만

금강산 언덕에
고목나무 매미처럼
얼어붙은 탱크바위
북진통일의 그날을
손꼽아 기다린다.

3

비워둔 자리

거울을 닦는 천사들

우리는 거울이어요.
세상을 아름답게 비추는 거울이어요.
유리 아닌 마음의 거울이어요.

얼굴에 묻은 때는 유리 거울로 비추지만
마음에 묻은 때는 무슨 거울로 비출까요?
그것은 남양친구들 거울이어요.

때로는 한없이 울기도 하고
때로는 한없이 웃기도 하고
때로는 한없이 소리도 지르죠.
하지만 우리는 너무나 행복해요.

얼굴을 닦아주는 천사가 있기 때문이죠.
반짝반짝 빛나게 닦아주는 실무원 선생님
그래서 친구들 얼굴도 거울처럼 반짝거려요.

까치와 가랑비

얼음 녹은 봄 개울에
이슬같이 내리는 봄비
까치집 키 큰 버드나무에
안개 같은 가랑비가 내린다.

꼬물꼬물 토해내는 굴뚝 연기
남풍 실은 봄 가랑비와
봄소식 주고받네.

아침 까치 소리에
장단 맞추어
너울너울 춤추는
굴뚝 연기와 가랑비

오늘은 멀리서 귀한 손님이
찾아올 것만 같다.

남양 정원

퐁! 퐁! 퐁!

고운 마음 샘솟는 남양 정원
남양 천사들 재잘거림
행복한 웃음소리 들리는 곳

벌과 나비가 손잡고
꿀 찾으러 오는 곳
일개미 땀 흘리며 가꾸고
야생화 향기 가득한 곳

나무 그늘 매미 소리
물레방아 도는 연못
금붕어 물장구치며 뛰놀고
고향 시냇가같이 정다운 곳

이 아름다운 정원에서
남양 친구들 곱디고운 마음
쑥쑥 자라는 소리 들리는구나.

문리가 터졌다

시골 사람들은
능력이 어느 정도 수준에 도달하면
문리가 터졌다고 한다.

1학년 어린이가
입학하여 한글을 깨치면
“그놈 문리가 터졌다”라고 한다.

그렇다
문리는 어떤
원리나 이치를 깨달았다는 뜻이다.

문리는 때가 되면 터진다.
컵에 물이 차면 넘치는 것처럼
문리는 저절로 터져서 넘쳐흐른다.
억지로 문리를 터줄 필요는 없다.

*문리 : 사물의 이치를 깨달아 아는 힘

낮달

달은
무엇이 급해
해 지기 전 동쪽 하늘에
벌써 떠올랐나

하늘에 주인공이
두 개면
그것을 바라보는
사람들은 어쩌란 말이냐

제발
낮달아
해 지거든
떠올라라

벼락 맞은 감나무

진외갓집 뒤뜰에
벼락 맞은 감나무
목이 달아나도
긴 세월 버텨왔네.

눈비 태풍 몰아쳐도
꿈쩍 않고 서 있네
몸통 굵은 밑둥치가
튼튼하니까 그렇지.

입이 없어 못 먹으면
뿌리로 먹고
귀가 없어 못 들으면
소슬바람 잎사귀로 듣고
눈이 없어 못 보면
해님 달님이 보여주네.

벼락 맞은 감나무는
오랜 세월 살아도
불평 한마디 없이
듬직하게 서 있다.
굵은 몸통만 가지고도

물이 되라 하네

가족들은 나를 보고 물이 되라 하네
싱크대 가득 찬 빈 그릇 씻어주는
설거지물이 되라 하네

사람들은 나를 보고 물이 되라 하네
높은 데서 낮은 곳을 찾아 흐르는
사람 섬기는 물이 되라 하네

세상은 나를 보고 물이 되라 하네
담는 그릇에 따라 모양이 달라지는
줏대 없는 물이 되라 하네

둥근 그릇에 담으면 둥글게 되고
모난 그릇에 담으면 모가 나는
공손한 물이 되라 하네

햇빛은 나를 보고 물이 되라 하네
더러운 빨래를 깨끗이 씻어주는
헹굼 물이 되라 하네

구름은 나를 보고 물이 되라 하네
가뭄에 메마른 땅을 적셔주는
감로수가 되라 하네

바람은 나를 보고 물이 되라 하네
벌판에서 땀 흘리며 일하는
농부의 땀을 씻어주는
세숫물이 되라 하네

강물은 나를 보고 물이 되라 하네
육지와 바다를 소통시키는
나룻배 띄우는 물이 되라 하네.

바다는 나를 보고 물이 되라 하네
땅과 바다를 소통시키고
변치 않고 썩지 않고
모든 것을 포용하고 정화시키는
짜디짠 바닷물이 되라 하네

비워둔 자리

사등분 피자 한 조각을
베어 낸 듯
한 쪽이 비어 있는 자리

햇볕 쨍쨍 내리쬘 때
힘든 사람 그늘 씌워주려고
한 구석을 비워 둔 자리

소나기 주룩주룩 쏟아질 때
휠체어 탄 사람 비 피하라고
둥근 원 한 모퉁이 내어 준 자리

낯선 이국땅에서
이방인의 닫힌 마음
열어주는 비워 둔 자리

그 자리는
아름다운 사람들이
배려하는 마음 담아 둔 자리

세 갈래 길

우리 동네 앞에는
세 갈래 길이 있다.

자동차가 달리는
자동차 길
사람들이 운동하는
트레킹 길
시냇물이 흐르는
시냇물 길

자동차 길은 가끔
교통사고가 일어난다.
트레킹 길에도 종종
자전거가 새치기하며
운동을 방해한다.

그러나 시냇물 길은
물이 낮은 곳에 모여 있다가
늦게 오는 친구 손잡고 간다.

쇼찌* 선생

일본에서 쇼찌 선생을 만났다.
키가 자그마한 분이다.
그러나 표정은 무척 밝고 온화하다.

쇼찌 선생은
올해** 구십이 세다.
매일 아침 한국말을 배운다.
라디오로

“안녕하세요”
한국말로 인사를 하신다.

쇼찌선생의 자녀는
모두 장애인이다.
둘째 아들은 방에만 누워 있다.

똥오줌도 받아 낸다.
쇼찌 선생이 직접 받아 낸다.

그래도 얼굴 한 번

---

* 쇼찌 사부로(昇地三郞) 선생 : 일본 특수교육의 선구자

* 1996년

찡그리지 않으신다.
오히려 감사하고
행복해하신다.

큰딸은 뇌성마비
장애인이다.
그래도 멋쟁이다.

창 넓은
멋쟁이 모자를 쓰고
남편은 대학 교수다.

쇼찌 선생이 한국에 오셨다.
대구대학에서 강의를 하셨다.

일백삼 세이신데
아직도 건강하시다.

장학금을 내놓으셨다.
아들 앞으로 든 보험금을
장학금으로 기부하셨다.

쇼찌 선생은 박사 학위가 네 개다.
박사는 학문의 완성이 아니라
학문의 시작이란다.

쇼찌 선생은
나에게
큰 가르침을 주셨다.

쇼찌 선생은
정말로 배울 점이 많은
감동을 선사하는 사람이다.

윷놀이

도, 개, 걸, 윷, 모, 뒷도
네 도막의 작은 나무 조각
치열하고 숨 가쁜 승부의 세계

거만한 갈색 양복의 모
히안 뱃살 배시시 웃는 윷

검은건반 하나 흰건반 삼형제 걸
검둥이 한 쌍 흰둥이 한 쌍의 개

또박또박 아장아장 아기걸음 걷는 도
앞으로는 갈 수 없어 뒤로만 기는 뒷도

잘난 친구들 힘껏 달려 나가고
출발선에 웅크린 뒷도

앞으로 못 가고
뒤로 기어 네 쌍둥이 잡았네.

작은 우주

길을 걷는데
여기도 개미
저기도 개미

징검다리
건너듯
피해 가는데

아뿔싸
개미 한 마리가
내 발 아래

작은 우주
하나가
사라졌다

키 작은 아이

키 작은
아이
얕보지 마라

키 작은
아이
기죽지 마라

땅에서
위로 재니까
작은 거지

하늘에서
밑으로 재면
누가 더 클까

천사의 얼굴

특수교육을 하면서 그들의 해맑은
웃음을 보았습니다.
특수교육을 하면서 절규하는 그들의
울음을 들었습니다.
특수교육을 하면서 그들의 끈끈한
인간애를 느꼈습니다.
특수교육을 하면서 묵언하는 그들의
소리를 들었습니다.
특수교육을 하면서 성불하는 그들의
용안을 보았습니다.

그들은 한량없는 가슴으로
우리를 포용하지만
우리의 인색한 가슴은 그들을
껴안을 수 없습니다.

오만과 편견에 멍든
우리들의 시선은

그들의 참 모습을 바라보지
않으려 합니다.

그들은 우리를
기쁘게 맞이하지만
우리는 그들을
자꾸 외면하려 합니다.

이제 그들의 이면을 바라볼 수 있는
혜안을 가져야 합니다.
그들의 순수한 열정과 대자유인의
모습을 본받아야 합니다.

진정 그들이 우리들의
스승이라는 것을
깨달아야 합니다.

한 주일의 건널목에서

수요일이면
숱한 사연을 접어두고
외다리로 서 있는
한 마리 학이 되고 싶다.

바쁜 일상의 생활에서
내 영혼이 따라오는지
확인하며 서 있는
말 달리는 인디언이 되고 싶다.

학교 일이 바쁜
학기 초에는
강을 건너지 못하는
신규교사의 나룻배가 되고 싶다.

팔방 돌기

윷놀이에서
팔방 돈다는 말이 있지
팔방은 지름길을 놔두고
빙- 둘러서 가지

한 번도 지름길로
가본 적이 없어서
지름길이
어떻게 생겼는지도 몰라.

이제는
지름길로 가보고 싶지도 않아
팔방을 돌다 보면
더 많은 것들을 보고 들으면서
언젠가는 목적지에 도착하겠지.

가다가 네 쌍둥이 한데 업고
단박에 날 수도 있지 않은가
팔방 도는 삶이 더 멋있어.
더 많은 것을 보고 들을 수 있으니까.

폐지 줍는 할머니

밤늦은 시간에
폐지 줍는 할머니
종이 동산을 싣고
폐지 리어카를
끌고 가신다.

다리 절뚝거리며
아마존의 숲을 싣고
아마존의 밀림을 싣고
새벽부터 자정까지
지구를 살리는
폐지 줍는 할머니

도로 위를 질주하는
자동차가 내뿜는
배기가스를 마시며
산소를 보충해 주는
폐지 할머니 리어카

지구촌 마을에 맑고
신선한 공기를 공급하는
지구 허파를 싣고 가는
폐지 줍는 할머니

4

양심의 눈

가오리연鳶

가오리연은
몸통과 양 날개
긴 꼬리가 있다

바람이 불면
좌우 몸통을 흔들며
하늘로 날아오른다

오른쪽으로
왼쪽으로
기울기도 하면서
창공으로 날아오른다

긴 꼬리가
중심을 잡기 때문에
추락하지 않고
하늘 높이 나른다

연 날리는 아이가
오른쪽으로 기운다고
오른 날개와 꼬리를 잘라
왼쪽 날개에 붙여 버렸다

고로쇠 물

추운 겨울 산속에서
땅속 깊이 뿌리박아
열심히 일하고 운동하여

통통하고 매끈한
피부와 몸매를
가꾸어 놓았더니

이른 봄
도둑들이 와서
주사기 꽂아 놓고

그동안 먹은
꿀 같은 단물
토해 내라고 하네.

삶을 반추反芻하며

코로나 운구행렬이
줄을 잇는
담티재 명복공원

백년 안팎 남짓한
인고의 세월이
자연순환 작용을 거치면
한 줌의 재가 된다

하찮은 일상들이
얼마나 소중한지
코로나가 지금
깨우쳐 주고 있다

오늘 하루 삶을 반추하며
내일 하루를 어떻게 살지
코로나 앞에 엄숙해진다

국경 없는 거지

리오그란데강 건너
멕시코
마타모로스 항구도시

지하계단에 웅크리고
앉아 있는
갈색 거지 한 사람

어디서 많이 본 사람 같아
한국의 지하철 노숙자와
사촌 형제인가 봐

머리는 터부룩
새둥지 틀고
얼굴은 꾀죄죄
땟물이 쪼르륵

동전 하나 던지니

퍽!
푹신한 지폐 소리
고맙다고 고개 숙여
연신 인사를 한다.

거지와 노숙자는
남녀노소
국경 없는 이웃사촌인가 봐

*리오그란데강 : 로키산맥 남부에서 발원하여 멕시코만까지 흐르는 강
*마타모로스 : 미국 텍사스주 브라운즈빌과 마주 보고 있는 리오그란데강의 남쪽에 위치한 항구도시

근정이

근정이 아버지는
황 씨이고 어머니는
조 씨입니다.

근정이를 위해
열심히 일했고
나중에
꼭 만날 수 있다고
생각했습니다.

그런데 근정이를
만날 수가
없었습니다.

언제부턴가
법이 그렇게
바뀌었다고 했습니다.

지금 생각해보니
오히려 잘되었다는
생각이 듭니다.

먼 훗날
어진 군자가 올 때
나는 근정이를
꼭 만나고 싶습니다.

※ 황조근정훈장(黃條勤政勳章) : 둘째 등급의 근정훈장,
교직에 40년 이상 봉직하고 퇴임하는 교사에게 수여됨

난 현금 받을래

아빠 친구분과
국밥집에 갔다

식사 후에
아빠와 친구분이
서로 식비를
내려고 하셨다

계산대 앞에서
아빠는 카드를
친구분은 오만 원을
동시에 내미셨다.

- 난 현금 받을래

계산대 아줌마는
냉큼 오만 원 지폐를
낚아챘다

우리 아빠
오늘 횡재하셨네

불성佛性

죽통에
머리 박고
죽 먹는 똥개

사람이
옆에 와도
본척만척하네

똥개의
식탐이
무아지경이구나.

주인이
옆구리 차도
멍멍 짖고 또 먹네.

똥개의
식탐은

오직 먹는 음식뿐

누가
개에게도
불성佛性이 있다고 했나

양심의 눈

양심은
도대체
어떻게 생겼을까

눈으로 볼 수도
귀로 들을 수도
손으로 만질 수도
코로 냄새 맡을 수도 없는데

양심은
어디에
숨어 있을까

잃어버린
지갑이
배달되어 왔을 때

오만 원권 지폐
신사임당의 미소 사이로
살며시 엿보고 있다.
양심의 눈이

어려울 때 친구

어려움에 처한
친구를 도와주면
마음이 기쁘다

내가 무엇을 바라고
도와준 건 아니지만
어려움을 이긴 친구가
내가 어려울 때
돕는 건 당연하다

어려울 때 친구가
진짜 친구라고 하지만
은혜를 모르는 친구는
가짜 거짓 친구다

엄마! 나 아프다

아플 때
옆에 아무도
없으면
더 아프다

아플 때
옆에 누군가
함께 있어 주지 않으면
마음이 더 아프다

코로나 때문에
가족도
지켜줄 수 없다는 게
더욱 마음 아프다

한 소년이
떠나면서 남긴
한마디가

마음을 아리게 한다

- 엄마!
  나
  아프다

※ 2020 코로나19 극복 공모전 시 부문 최우수상 수상
(한국문화예술진흥원)

의병처럼

대구 시민은
지금 스스로
자가격리
하고 있다

코로나로
사망자가
속출해도
남녀노소 없이
대구성을 지키며
처절한 싸움을
하고 있다

망우공원에서
곽재우 장군이
지휘하는 가운데
의병처럼 스스로
고군분투하며
적과 싸우고 있다.

지렁이의 지혜

장마철 텃밭에서
굵고 살찐 지렁이
한 마리 잡았다

몸통을 잡고
닭장으로 가는데
손가락이 꿈틀꿈틀

닭장에 도착하니
지렁이 반 토막
나머지 반은 텃밭에 숨고

절반은 닭 먹이로 주고
목숨을 부지하는
지렁이의 지혜

인연소기因緣所起

나는 떠나야 한다.
이른 봄
새싹이 돋기도 전에
아지랑이처럼 떠나야 한다.

가을 어느 초입에
홀연히 왔다가
낙엽落葉처럼
흔적痕迹도 없이 떠나야 한다.

잠깐 스쳤던
아름다운 세월歲月
수많은 군상群像을 남겨두고
소리소문所聞없이 떠나야 한다.

왜 그럴까
무엇 때문일까
인연소기因緣所起일까

티끌 같은 욕심마저 비우고 훌훌 떠나야 한다.

별리別離의 슬픔이야
미련未練 없지만
성불成佛하지 못한
오백삼십五百三十 나한羅漢을 두고
그들의 성공成功을 기원祈願하며 떠나야 한다.

인연소기因緣所起로
다가올 미래未來를 기약期約하며
또 다른 희망希望의 배움터로 떠나야 한다.

※ 이 시는 대구동인초등학교 교감으로 재직하다가 대구종로 초등학교로 인사이동 되어갈 때 소회(素懷)를 적은 것임.

잘못 받은 장학금

한국전쟁으로 대구계성고에 전학 온
고등학생이 육십사 년 전에 잘못 받은
장학금을 되돌려 주려고
일억 삼백만 원의 장학금을 기부한다.

선교사의 기부로 마련된 장학금은
목회자의 자녀에게 돌아갈 몫이었지만
운 좋게도 본인이 받게 되었단다.

마음 한구석에 양심의 가책으로
남아있었는데 힘든 코로나 시대에
도움을 주고자 결심했다고 한다.

학업을 중단할 위기에 장학금은
가뭄에 단비가 아니었을까

익명의 장학금은 코로나 시대를
살아가는 힘든 사람들에게

생기를 북돋아 주는 것 같다.

※ 선교사가 목사 자녀에게 전달해 달라고 했는데 담임 교사가 부모 직업란에 군속(軍屬)이라 기록된 것을 군목(軍牧)으로 잘못 알고 두 번이나 장학금을 지급하였다. 기부자는 두 번째 받았을 때 착오가 있다는 사실을 알았지만 어려운 가정형편 때문에 진실을 밝힐 수 없었다고 함.

커피를 시켜놓고

자갈치 시장
시내버스 정거장

커피 주문한 아줌마
안달이 나네.

빨리 커피 달라고
재촉을 하네.

발을 동동 구르며
빨리 달라고

버스와 커피가
동시에 도착하니

커피를 시켜놓고
버스에 올라타는 아주머니

커피 장사 아줌마

난감한 얼굴

커피 한 잔에
돈이 얼만데

코로나 공깃돌

사람의 목숨은
소중하고도
소중하다

사람의 목숨은
단 하나뿐
던져 버릴 수가 없다.

사람의 목숨은
코로나에 던져지는
공깃돌이 아니다

큰 언덕 대구

한국전쟁의
큰 홍수를
막아낸 대구

유학산과
다부동 언덕이
우리나라를
지켜내었지

백척간두의
나라를 지켜 낸
큰 언덕 대구

국민이 힘들 때
기댈 어깨를
내어준 대구

대구시민들이
한마음이 되어
코로나 홍수를
막아내고 있다.

겨울 무지개

성암산 위에
떠오른
겨울 무지개

영하 십도의
한파 속에
알록달록
겨울 무지개

코로나로 힘든
국민들에게
희망을 주려고

하나님이
창조한
겨울 무지개

※ 2021년 1월 9일 오후 5시경 영하 10도의 한파 속에 경산 성암산 위에 나타난 겨울 무지개, 코로나로 힘든 시기를 살고 있는 국민들에게 희망을 심어 주려고 하나님이 창조한 것 같은 느낌을 받음.

5

허장성세

갈용

하늘로 날고 싶어
소나무 타고
오르는 칡덩굴

용이 승천하듯
비 온 뒤에
더 힘차게 오른다.

구름 타고
바람 타고
힘차게 오른다.

구불구불
용틀임하며
오르는 칡덩굴

칡덩굴을 왜
갈용이라 부르는지
알 것만 같다.

금강산

선녀와 나무꾼 전설 어린 구룡폭포
나무꾼 남겨두고 하늘로 간 선녀
금강산 굽이굽이 용틀임하는 물길
용오름 된 나무꾼 하늘로 올라가네.

만물상 놀 모양 일만 가지 형상이고
부모형제 친한 친구 여기 다 모였네.
세상에 필요한 것 여기에 다 있으니
신선이 따로 없고 걱정할 것 없어라.

투구 쓴 장군봉 천하제일 명장이라
머리 조아린 병졸들 장군봉에 절하네.
두 눈 부릅뜨고 푸른 동해 바라보며
왜놈에게 호통치는 금강산의 장군봉

관찰사 송강 정철 금강산 둘러보고
날거든 뛰지 마나 뛰거든 날지 마나
관동 팔백리 천하절경 유람한 후
월송정 푸른 바다 신선이 되었구나.

곤명호

작은 바다
곤명호
유람선 한 척

만수산
파낸 흙을
바라보면서

예전엔
이곳이
땅이었구나.

부귀영화
누리던
황후는 어디가고

흙 파던
인부들의
신음 들리네.

이 바다
메우면
인부들 살아날까

만수산아
만수산아
여기 들어와

원통하고
억울하게
돌아가신
인부들 살려다오.

*곤명호 : 서태후의 여름별장 이화원 앞에 사람이 직접 파서 만
 든 인공호수
* 만수산 : 파낸 흙으로 만든 산

대피소shelter

스기나무
숲을 지나
아소산 오르는 길

이제부터
숲은 없고
황량한 언덕

여기가
전쟁터인가
토치카인가

여기저기
군데군데
콘크리트 대피소

여기가
화산

폭발지역

화산탄
날아오면
얼른 피해야지

만리장성

만리장성
밟고
올라서니

북방민족
말발굽 소리
요란도 하네

벽돌 한 장
소중한
한 사람 생명

수많은
포로들
생명 바쳐서

이 거대한
무덤을

만들었구나!

지구상에
가장 큰
인공 구조물을

* 만리장성 : 중국의 역대 왕조가 변경 방위를 위해 축조한
대성벽. 길이 약 2,400km

명품 가방

소녀마냥 즐거운 형수님
갈보라색 가방을
이리 보고 저리 보고

"그게 어디서 나왔어요?"
"네, 사위가 선물로 보내 왔어요."

혼수품과 함께 온
멋진 명품가방

"그 가방 친구분들한테 자랑 좀 하세요."

"아이고! 무슨 말씀을.
 장모가 더욱 겸손해야지요."

어깨에 둘러멘 명품 가방
시집보내는 모녀 이별가방
엄마와 딸의 행복 담은 웃음가방

불광不狂 불급不及

-미쳐야 미친다.
불광不狂이면
불급不及이라.

높은
경지에
이르는
열정

또다시
근질거리는
몸

무엇을
쓰지 않고는
못 배길 것 같은

ᄉᆞᄅᆞᆼ해

친절한
택시기사 아저씨

-손님
저 간판에
씌어 있는 글씨가
일본 글도 아니고
참 희한한 글도
다 있죠.

-기사님
저 글자는
지금은 안 써요.

-세종대왕이
처음 한글을
만들 때는 있었죠.

-'사랑해'
라는 글자예요.

"……"

삼청교육대

연병장에
모인 남자들
불특정 다수

모두 다
까까머리
얼굴 모양 각양각색

동안의 소년
애아버지 장년
할아버지 주름 얼굴

도대체
무슨 부대
어떤 신병교육대인가

아침부터
군가 불러
저녁때까지

한시도
쉬지 않고
부르는 군가

유격조교
빨간 보사
방망이 차고

목소리
안 나오면
몽둥이 타작

저녁
귀대 시에
목이 다 쉬어

목소리
안 나와도
목젖으로 부르네.

서태후가 남긴 말

작은 바다
곤양호

바다인가
호수인가

파낸 흙은
만수산을 만들고

작은 바다는
향연의 배를 띄우네.

청일전쟁
한창일 때

해군 군비
도용하여

여름 별장
만들고

한바탕
잔치마당
끝이 날 무렵

그녀가
남긴 마지막
한마디

"다시는 여자가
정치를 하지
못하게 하라!"

*서태후 : 청나라 함풍제의 후궁이며, 동치제의 생모.
별칭 자희황태후

오솔길

길이 없는 곳
사람들이
오가며 생긴 흔적
오솔길

등하교 아이들
책보자기 어깨 메고
도시락 젓가락 소리
달가닥거리며
달리기하던 길

소 먹이는 아이들
소 몰고 가던 길
멱 감으러 가던 아이들
참외 수박 따 가던 길

순이 아버지
똥장군 지고

두엄 하러 가던 길

발정 난 암캐
뒤쫓던 수캐
헐레벌떡 달리던 길

한가위 보름달
구경하러
동산 위에 올라가던 길

꼴망태 메고
소 풀 베러
밭두렁 올라가던 길

이웃동네 처녀총각
시집장가 가던 날
메밀묵 감주 해서
부조하러 가던 길

그 많은 사연
간직한 길
지금은 사라진 길
때 묻지 않은 우리 길
추억의 오솔길

운동장

개학날인데
친구들은 없고
강아지 두 마리
달리기한다.

일주일 후에
갔더니
까치 한 마리
깡충깡충 뛰어간다.

이 주일 후에
또 갔더니
개미새끼
한 마리 없다.

친구들과
언제쯤
운동장에서
뛰어놀까

오팔 개띠들의 수다

입안에 있는 혀도 물린다는데
몸통에 붙은 가지는 말해 무엇하랴

믿는 도끼에 발등 찍힌다는데
애지중지 키운 자식 믿어 무엇하랴

사오정 오륙도 직장퇴출 이어지는데
변방으로 쫓겨난 신세 한탄해 무엇하랴

부모봉양 자식교육 직장퇴출 삼중고에
등골 휘어져도 부모 자식 원망해 무엇하랴

부모는 요양병원 자식은 방 구들장 차지
베이비부머 무거운 어깨 탓해 무엇하랴

코로나의 거리 두기로 계모임도 못 하고
카톡 문자 주고받는 개띠들의 요란한 수다

오늘도 각자 향하는 발걸음은 달라도
오팔 개띠들의 수다로 하루해가 저문다.

휴교령

제주도 졸업여행
다녀오니
문 닫은 학교

사연이
궁금해
학교에 가니

교문 앞에
탱크로 가로막고
집에 가라 하네.

집에 돌아오니
남쪽 빛고을에
난리법석이 났네.

코로나 돈

돈이 코로나에
감염되어
지갑 속에서
잠을 잔다.

한 달 만에
지갑을 열어보니
아직까지 잠자고
있는 돈

피가 돌듯이
돌고 돌아야 하는데
지갑 속에서
얼마나 답답할까

지갑 속에
갇혀 있는
돈이 아우성을 친다.

지갑에서
나를 꺼내
숨 좀 쉬게 해 줘

허장성세

텍사스의 국경을
도보로 넘는다.

리오그란데강 건너
높은 언덕
웅장한 멕시코 국기의 위용
하늘을 가릴 만큼
큰 깃발이 언덕 위에 펄럭인다.

강변 둔치에
나부끼는
조그만 깃발 하나
성조기다

오십 개 별빛 반짝이며
작은 하늘에
나비처럼 하늘거린다.

멕시코 국기가
명령한다.
성조기야!
나한테
형님이라고 불러 봐.

*허장성세(虛張聲勢) : 실속이 없으면서 헛소문과 허세로만 떠벌림.
*리오그란데강 : 로키산맥 남부에서 발원하여 멕시코만까지 흐르는 강
*성조기 : 미국의 국기, 50개의 별은 50개의 주를 나타냄.

원상연 시집
탁란托卵

인쇄 | 2021년 2월 5일
발행 | 2021년 2월 7일

글쓴이 | 원상연
펴낸이 | 장호병
펴낸곳 | 북랜드
06252 서울 강남구 강남대로 320, 황화빌딩 1108호
대표전화 (02)732-4574, (053)252-9114
팩시밀리 (02)734-4574, (053)252-9334
등록일 | 1999년 11월 11일
등록번호 | 제13-615호
홈페이지 | www.bookland.co.kr
이-메일 | bookland@hanmail.net

책임편집 | 김인옥
교 열 | 배성숙 전은경

ISBN 978-89-7787-976-8 03810
ISBN 978-89-7787-977-5 05810 (E-book)

값 12,000원